Draw 97 ANIMALS

The step-by-step way to draw tiger, elephant, fish, reptiles and many more...

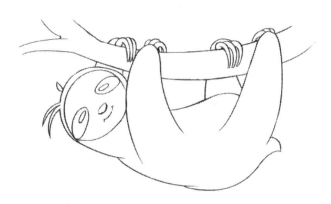

Siilver Lilac

Published by Independently published

Cover Design: Siilver Lilac
Typesetting: Siilver Lilac
Prepress: Siilver Lilac

Copyright ©2020 by Siilver Lilac
All rights reserved

ISBN: 9798673172896

All rights reserved. No part of this publication may be reproduced, distributed, or transmitted in any form or by any means, including photocopying, recording, or other electronic or mechanical methods, without the prior written permission of the author, except in the case of brief quotations embodied in critical reviews and certain other noncommercial uses permitted by copyright law.

Printed by An Amazon.com Company

Table of contents

How to draw...

Hen 5	Sea animals 34-47	Horse 71	Moose 89
Pigeon 6	Reptiles 48-55	Anteater 72	Otter 90
Crow 7	Camel 56	Antelope 73	Panda 91
Owl 8	Choloepus 57	Armadillo 74	Pig 92
Ostrich 9	Elephant 58	Badger 75	Pony 93
Sparrow 10	Giraffe 59	Bear 76	Rabbit 94
Duck 11	Hippo 60	Biver 77	Sable 95
Parrot 12	Kangaroo 61	Buffalo 78	Sheep 96
Flamingo 13	Lama 62	Cock 79	Chinchilla 97
Peacock 14	Lemur 63	Cow 80	Squirrel 98
Pelican 15	Lion 64	Deer 81	Wolf 99
Eagle 16	Lynx 65	Donkey 82	Raccoon 100
Egret 17	Monkeys 66-67	Duckbill 83	Mouse 101
Hummingbird 18	Rhino 68	Echidna 84	
Penguin 19	Tiger 69	Goat 85	
Swan 20	Zebra 70	Guinea pig 86	
Cats and kittens 21-24		Hamster 87	
Dogs and puppies 25-33		Hedgehog 88	

How to draw hen

Your turn

How to draw pigeon

Your turn

How to draw crow

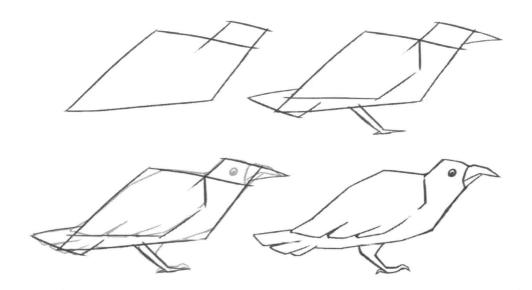

Your turn

How to draw owl

Your turn

How to draw ostrich

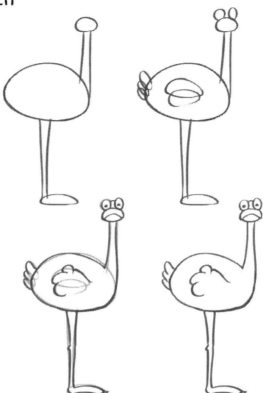

Your turn

How to draw sparrow

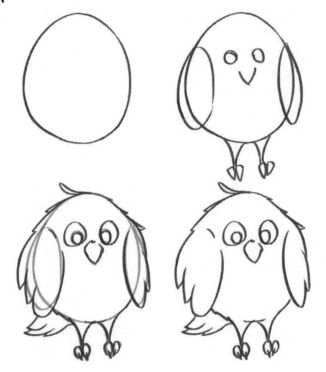

Your turn

How to draw duck

Your turn

How to draw parrot

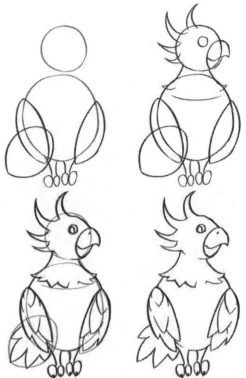

Your turn

How to draw flamingo

Your turn

How to draw peacock

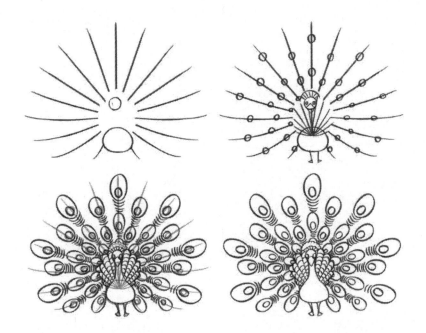

Your turn

How to draw pelican

Your turn

How to draw eagle

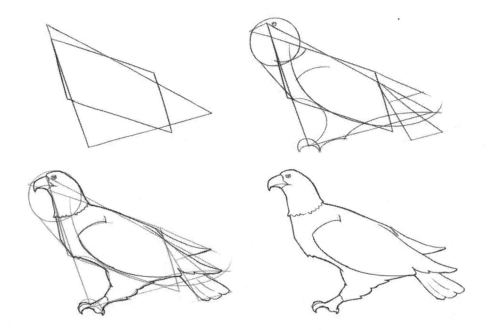

Your turn

How to draw egret

Your turn

How to draw hummingbird

Your turn

How to draw penguin

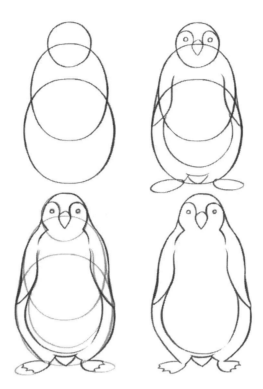

Your turn

How to draw swan

Your turn

How to draw cute kitten

Your turn

How to draw cat

Your turn

How to draw little kitten

Your turn

How to draw fat cat

Your turn

How to draw pug-dog

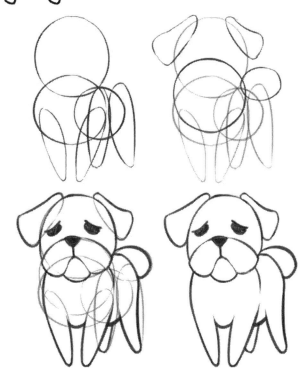

Your turn

How to draw pekinese

Your turn

How to draw chihuahua

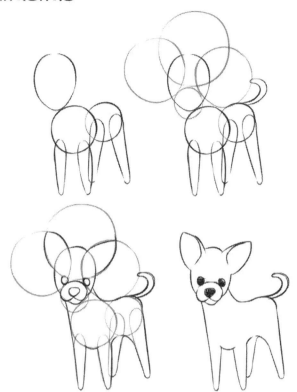

Your turn

How to draw st. bernard

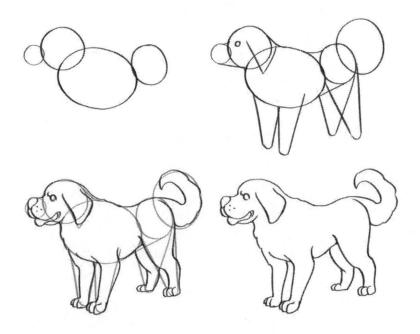

Your turn

How to draw puppy

Your turn

How to draw funny puppy

Your turn

How to draw amusing puppy

Your turn

How to draw cute puppy

Your turn

How to draw curious puppy

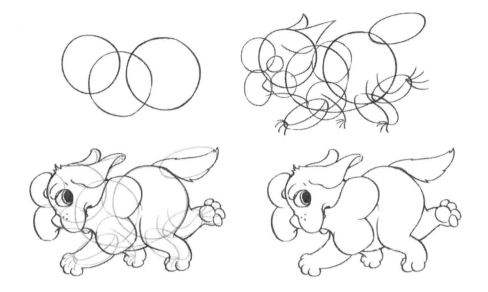

Your turn

How to draw fish

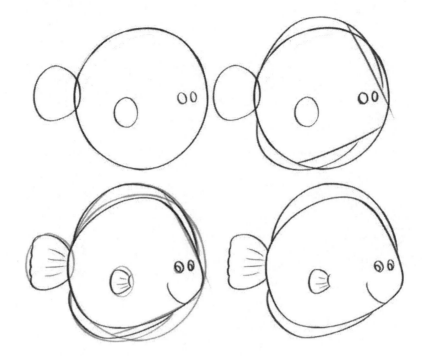

Your turn

How to draw whale

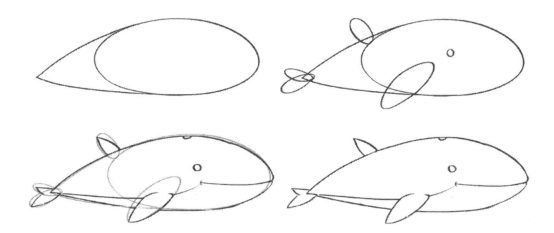

Your turn

How to draw cachalot

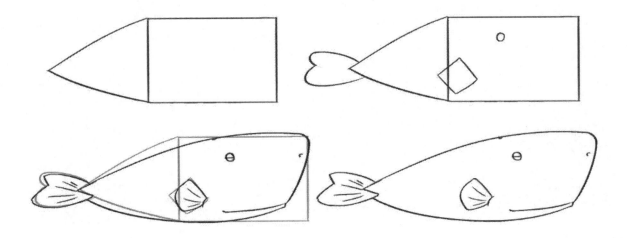

Your turn

How to draw shark

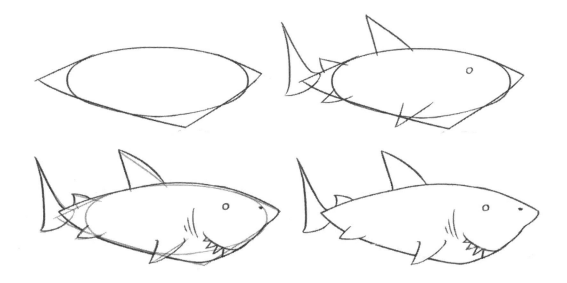

Your turn

How to draw dolphin

Your turn

How to draw goldfish

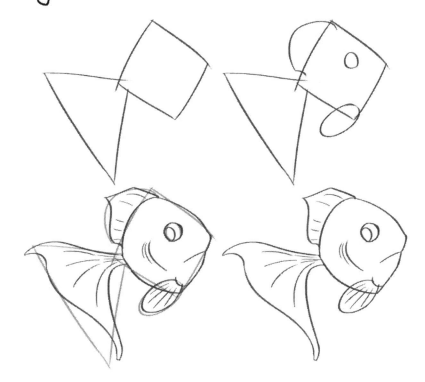

Your turn

How to draw fugu fish

Your turn

How to draw horsefish

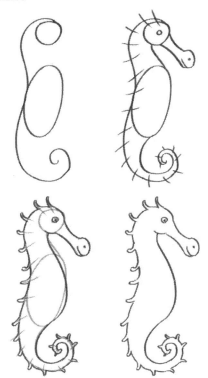

Your turn

How to draw squid

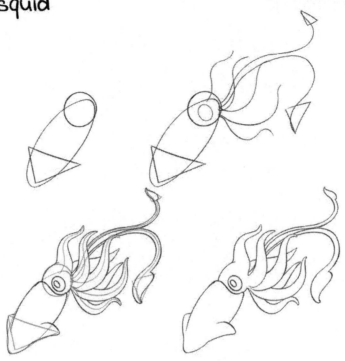

Your turn

How to draw octopus

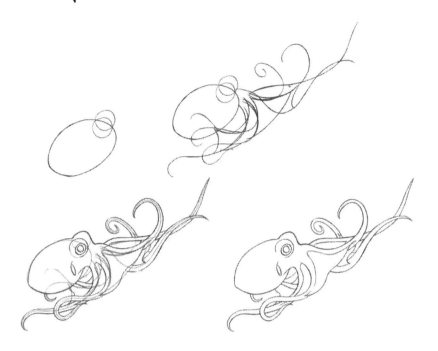

Your turn

How to draw ramp fish

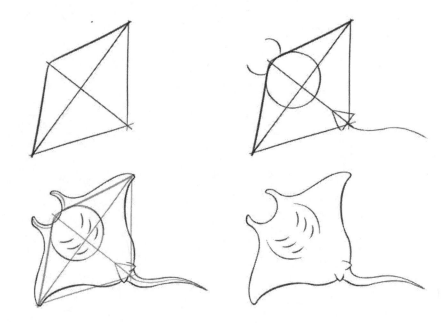

Your turn

How to draw ramp fish 2

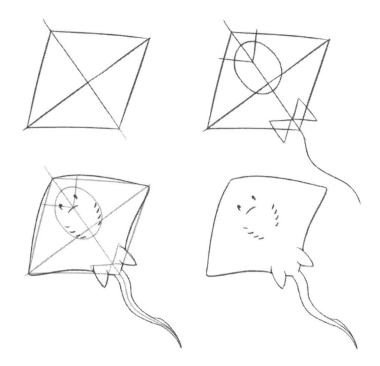

Your turn

How to draw seal

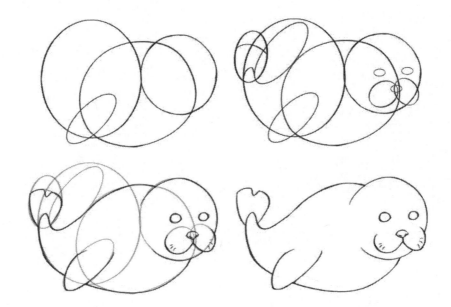

Your turn

How to draw walrus

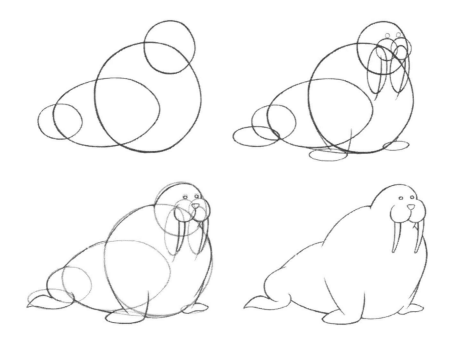

Your turn

How to draw chameleon

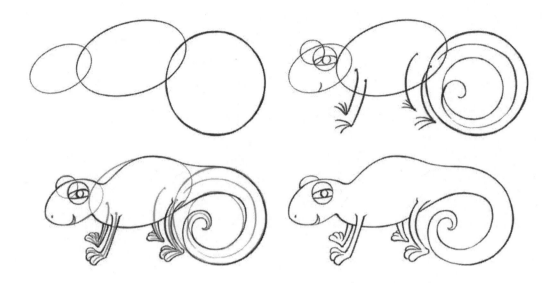

Your turn

How to draw alligator

Your turn

How to draw crocodile

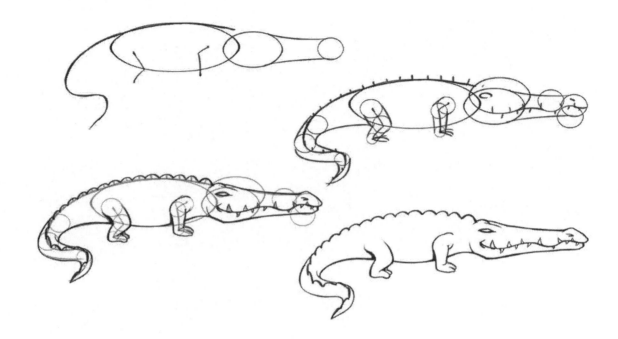

Your turn

How to draw frog

Your turn

How to draw lizard

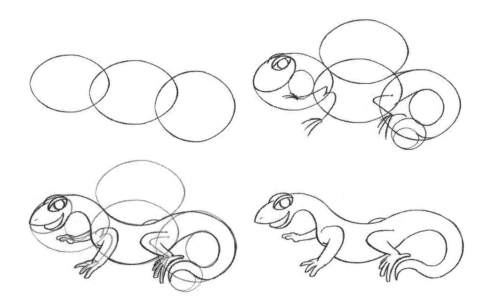

Your turn

How to draw snake

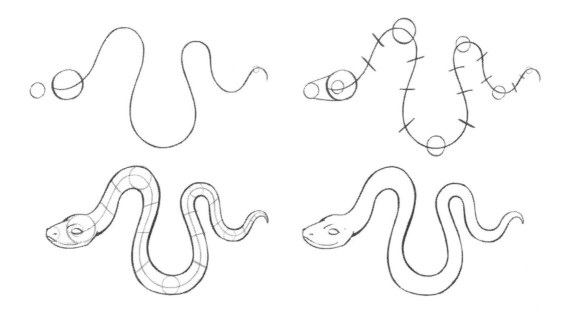

Your turn

How to draw toad

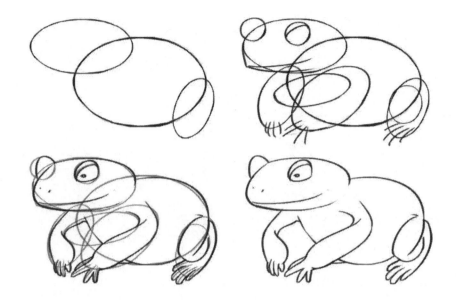

Your turn

How to draw turtle

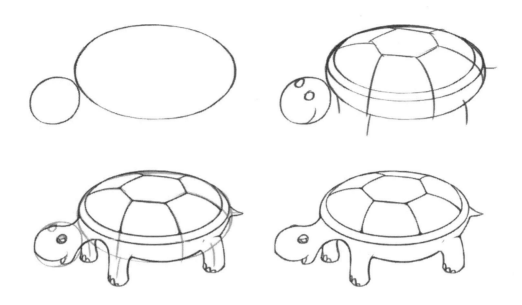

Your turn

How to draw camel

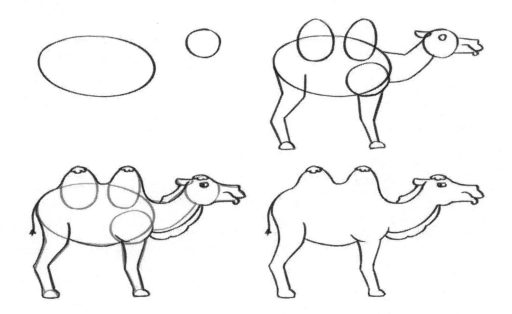

Your turn

How to draw choloepus

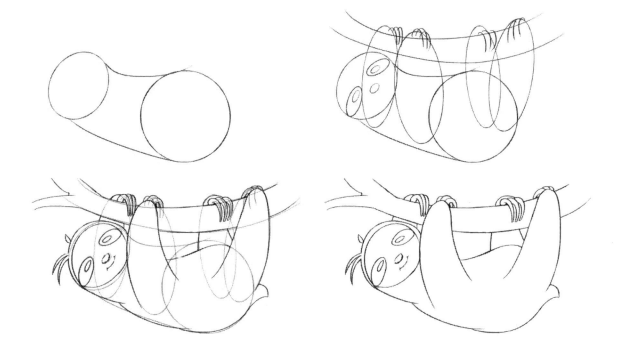

Your turn

How to draw elephant

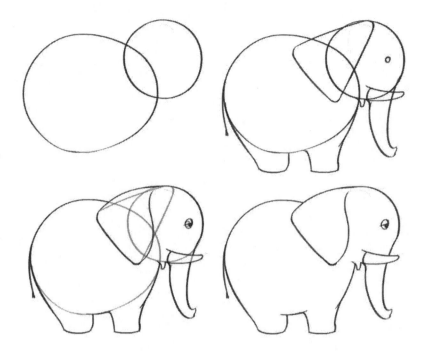

Your turn

How to draw giraffe

Your turn

How to draw hippo

Your turn

How to draw kangaroo

Your turn

How to draw lama

Your turn

How to draw lemur

Your turn

How to draw lion

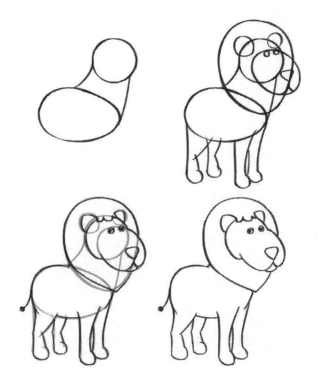

Your turn

How to draw lynx

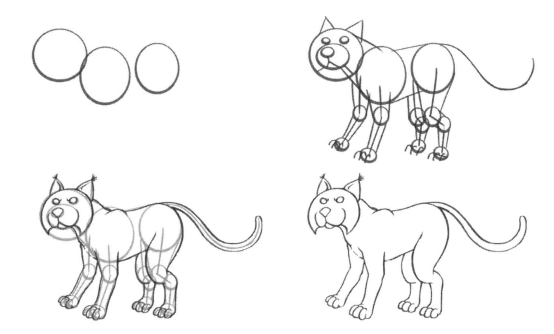

Your turn

How to draw monkey

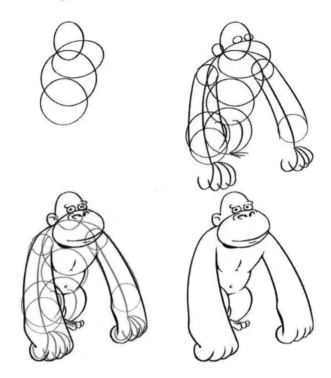

Your turn

How to draw little monkey

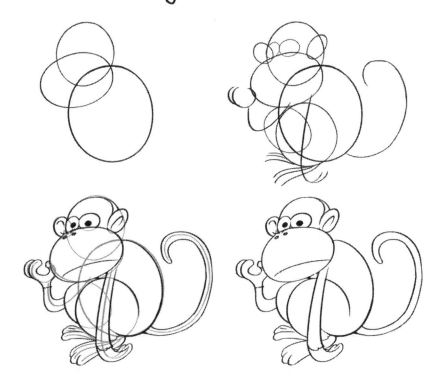

Your turn

How to draw rhinoceros

Your turn

How to draw tiger

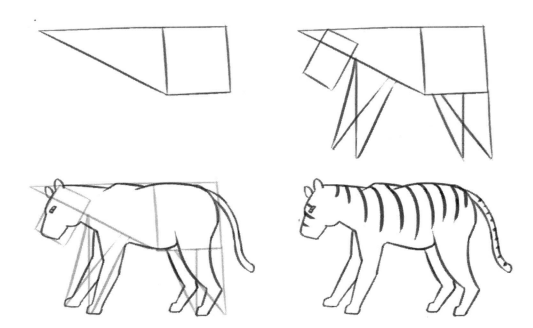

Your turn

How to draw zebra

Your turn

How to draw horse

Your turn

How to draw anteater

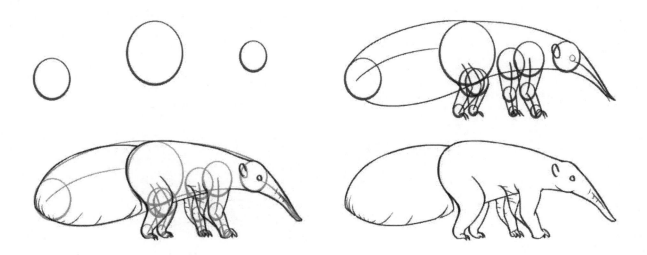

Your turn

How to draw antelope

Your turn

How to draw armadillo

Your turn

How to draw badger

Your turn

How to draw bear

Your turn

How to draw biver

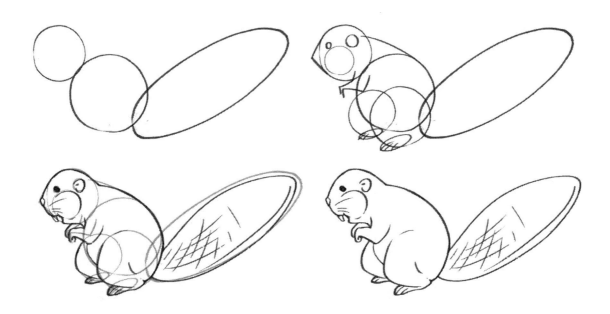

Your turn

How to draw buffalo

Your turn

How to draw cock

Your turn

How to draw cow

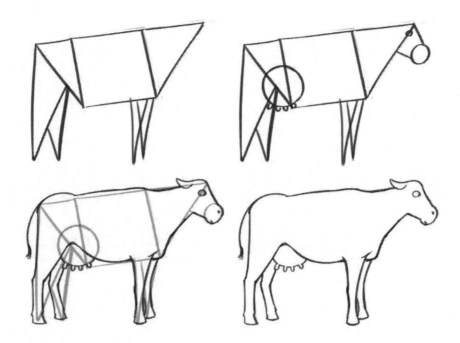

Your turn

How to draw deer

Your turn

How to draw donkey

Your turn

How to draw duckbill

Your turn

How to draw echidna

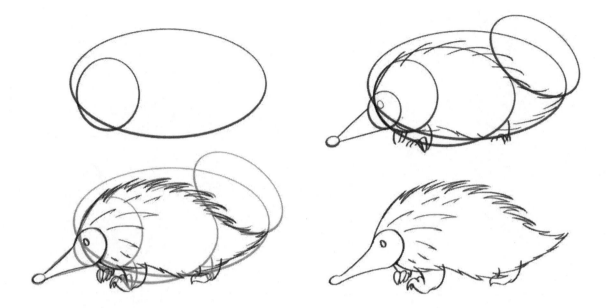

Your turn

How to draw goat

Your turn

How to draw guinea pig

Your turn

How to draw hamster

Your turn

How to draw hedgehog

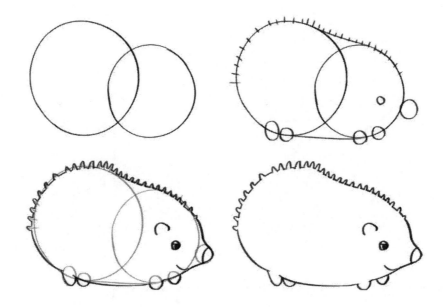

Your turn

How to draw moose

Your turn

How to draw otter

Your turn

How to draw panda

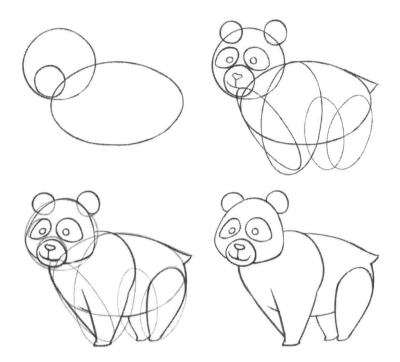

Your turn

How to draw pig

Your turn

How to draw pony

Your turn

How to draw rabbit

Your turn

How to draw sable

Your turn

How to draw sheep

Your turn

How to draw chinchilla

Your turn

How to draw squirrel

Your turn

How to draw wolf

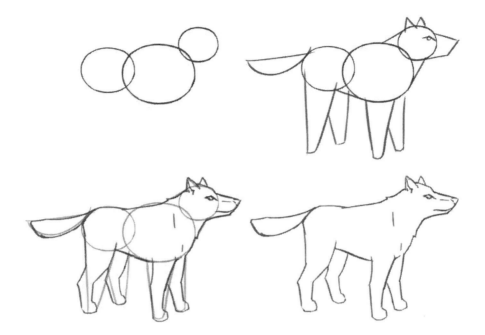

Your turn

How to draw raccoon

Your turn

How to draw mouse

Your turn

Thank you!

Thanks for choosing my book. If you liked this book, please leave your feedback on amazon.com, thus I'll understand what you think about my book. I'd really appreciate this!

If you would like to have a bonus - free book from me, please send the screenshot or the link of your review from amazon.com to this e-mail:
nat.artbooks@gmail.com
I'll send you a free book in PDF as a gift!

Made in the USA
Columbia, SC
05 February 2022